Alle meine Löffelchen!

Es wird Frühling, hurra, hurra,
alle meine Löffel sind jetzt da.
Holt schnell Farbe, Papier und Schere heraus
und bastelt im nu was Schönes draus.
Für dich, oder für Freunde zum Verschenken,
da werden sich alle den
Kopf verrenken.
Jupheidi und Valera,
diese Löffel sind nicht nur zum Kochen da!

Viel Spaß beim Malen und Basteln
wünscht euch eure

Meli

Übertragen der Gesichter auf die Löffelchen

1. Lege das Transparentpapier auf den Vorlagebogen und zeichne das Gesicht mit einem Bleistift nach.

2. Nun klebst du das Transparentpapier auf ein Stück Graphitpapier und legst beides auf den Kochlöffel (bitte nicht mehr verrutschen, evtl. am Löffel hinten mit Tesafilm leicht fixieren!)
Dann zeichnest du mit einem harten Bleistift die Konturen nach. Mit den Tonkartonteilen verfährst du genauso. **Kleiner Tipp:** Falls du mehr Löffel von der gleichen Sorte basteln willst, schneide dir die Tonkartonteile als Schablonen zurecht, somit brauchst du nur noch mit dem Bleistift um die Teile fahren um sie zu übertragen.

Augen malen:

3. Als erstes malst du das Auge weiß aus.

4. Nach dem Trocknen wird der schwarze Rand und die Wimpern mit dem dünnen Pinsel gemalt. Wer möchte, kann auch einen dünnen wasserfesten Lackstift verwenden.

5. Jetzt malst du die Pupille als schwarzen Kringel hinein. Wer keine Augen malen möchte, kann auch schwarze Halbperlen oder passende Wackelaugen aufkleben (die Wackelaugen mit Wimpern sind besonders süß). Es können auch einfach zwei schwarze Punkte aufgemalt werden.

Material

Holzkochlöffel: In diesem Buch habe ich viele verschiedene Holzlöffel verwendet. Es gibt runde, ovale, kantige, große oder kleine, welche mit Loch, Holzschaber oder Holzquirl. Bei den runden Löffeln habe ich immer die Kopfrückseite bemalt.

Transparentpapier, Graphitpapier & Bleistift: Dieses wird benötigt um die Teile vom Vorlagebogen auf den Tonkarton und die Gesichter auf die Löffelchen zu übertragen. Der Bleistift sollte hart und gut gespitzt sein.

Farben: Verschieden farbige Plusterpens dienen zum Beschriften der Kärtchen (Herstellerangaben beachten). Zum Bemalen der Holzlöffel habe ich verschiedene Acrylfarben verwendet. Diese sind wasserfest und haben eine ganz besondere Leuchtkraft. Es gibt sie in matt oder glänzend.

Verschiedene Materialien zum Verzieren: Die Teile, wie Arme, Beine, Flügel, Schildchen usw. werden aus buntem Tonkarton ausgeschnitten. Ich habe mir gleich einen ganzen DINA4 Block mit verschiedenen Farbtönen gekauft. Wer möchte, kann diese Teile auch aus Moosgummi zuschneiden.

Als Nasen dienen hauptsächlich bunte Holzperlen, es gibt sie in verschiedenen Größen. Basteldraht, bunter Biegedraht sowie Pfeifenputzer, Satinbänder und Langhaarplüsch dienen ebenfalls als Deko.

Draht: Biegedraht ist in verschiedenen Stärken und Farben erhältlich. Er ist extra weich und eignet sich besonders gut für Deko aller Art, wie Spiralen, Bildhalter oder Aufhänger. Basteldraht ist dünner und starrer, diesen habe ich meistens als Schnurrhaare verwendet.

Tontöpfe und Holzklötzchen: Habe ich als Ständer für die Kochlöffel genommen. Achte darauf, dass die Löffelchen durch das Tontopfloch passen! Bei den Klötzchen muss noch ein passendes Loch gebohrt werden!

"Werkzeug" siehe letzte Seite

Kompliment Löffelchen

Süße Schnecke und flotte Biene, wer möchte nicht auch einmal so ein nettes Kompliment bekommen?

Flotte Biene: Kochlöffel ca. 27,5cm,
Tonkarton Weiß, Rot, Gelb, Schwarz,
Basteldraht Schwarz, Satinband Gelb 7mm,
1 Holzperle Rot 6mm ø, 2 Holzperlen Braun 5mm ø,
1 Holzblume Gelb 35mm ø, Langhaarplüsch für Haare
Acrylfarben: Weiß, Goldgelb, Orange, Rot,
Pastellblau, Schwarz
Plusterfarbe: Weiß und Sonnengelb

Süße Schnecke: Kochlöffel ca. 31,5cm,
Tonkarton Weiß, Pink, Gelb, Biegedraht Blau,
Pfeifenputzer Grün,
4 Holzperlen Gelb, 1 Holzperle Orange,
1 Holzperle Violett 1cm ø,
Acrylfarben: Weiß, Goldgelb, Lila, Schwarz, Lindgrün
Plusterfarbe: Sonnengelb

So geht´s: Schneide den Tonkarton laut Vorlagenbogen aus, bemale die Löffelchen und den Karton mit den entsprechenden Farben. Beschrifte den Tonkarton mit der Plusterfarbe und schneide diesen nach dem Trocknen mit der Motivschere aus. Nach dem Trocknen werden alle Teile mit Heißleim zusammengeklebt und die Verzierungen wie Perlen, Biegedraht Schleifchen usw. angebracht.

flotte Biene
süße Schnecke

Alle Vöglein sind schon da!

Bunte Vogelhäuschen zeigen dir an auf welchem Platz du sitzt, ein Renner für jede Garten- oder Kinderparty.

Material: 4 Minikochlöffel mit Loch ca. 16cm,
Tonkarton Türkis, Lindgrün, Gelb, Pink
5 bunte Holzperlen 8mm ø, 2 bunte Holzperlen 15mm ø,
ein paar bunte Pfeifenputzer (für Flügel),
Satinband Gelb und Lindgrün 5mm,
4 Mini Tontöpfe 4,7 cm ø, Acrylfarben: Weiß, Schwarz,
Goldgelb, Lindgrün, Lila, Türkis
Plusterfarbe: Weiß, Erdbeere, Sonnengelb, Maigrün

So geht´s: Schneide den Tonkarton laut Vorlagenbogen aus, bemale die Löffelchen und die Mini Tontöpfchen mit den entsprechenden Farben. Fädle die Perlen auf einen Pfeifenputzer (so kannst du sie besser bemalen). Nun malst du die Augen auf, nach dem Trocknen werden die Schnäbel vorsichtig mit dem Plusterpen aufgetragen. Mache erst links und rechts einen kleinen Klecks und ziehe die Farbe in der Mitte zusammen und nach vorne, so dass ein kleiner Schnabel entsteht. Du kannst ja erst auf einem Blatt ein bisschen üben.

Nach dem Trocknen werden die Pfeifenputzer an beiden Seiten abgeschnitten, das sind nun die Flügelchen. Klebe nun die Dächer, die Vögel und die mit Plusterpen beschrifteten Schildchen an den Löffelchen an.

Zum Schluss werden die Löffel in die Tontöpfchen gesteckt und mit einer schönen Schleife dekoriert.

täglich
frische Eier

Die lustige Hühnerschar

Goock, goock, goock!!! Hier gackerts aber laut, ist ja auch kein Wunder, denn hier strengen sich die Hühner ganz besonders an, um schöne große Eier zu legen. Zwei kleine Küken sind auch schon aus ihren Eiern ausgeschlüpft, piep, piiiep!!!

Material: 2 kleine flache Holzschaber ca. 13 cm,
2 flache Holzschaber ca. 30 cm,
Tonkarton Gelb, Orange, Rot, Blau, Rot/Weiß gestreift, Blau/Weiß gestreift, Satinband Orange 5mm,
grüner Bast, kleines Körbchen, Stück Holz,
Acrylfarben: Weiß, Schwarz, Rot, Lindgrün, Goldgelb
Plusterfarbe: Erdbeere, Sonnengelb, Weiß

So geht´s: Schneide den Tonkarton laut Vorlagenbogen aus, bemale die Holzschaber und den Karton mit den entsprechenden Farben. Nach dem Trocknen werden alle Teile mit Heißleim zusammengeklebt. Beschrifte den Tonkarton mit der Plusterfarbe, und schneide diesen nach dem Trocknen mit der Motivschere aus. Baumstamm halbieren und in der Mitte einen Schlitz einsägen. Große Hühner in den Baumstamm klemmen, Küken in das schön dekorierte Körbchen setzen. Schild mit Heißleim fixieren.

Kleiner Tipp: Die lustige Hühnerschar sieht auch schön als Osterdeko aus.

Galliенchen & Florentiena die Schmetterlinge

Wie bunte, filigrane Elfen schweben die zwei Schmetterlinge Galliеnchen und Florentiena durch die warme Frühlingsluft. Sie haben eine kleine Überraschung für dich dabei, sieh doch mal in der bunten Röhre nach!

Schmetterling Galliеnchen

Material:

Kochlöffel ca. 27cm,
Tonkarton Pink, Gelb, Kobaltblau
Biegedraht Pink,
9 Glitzerperlen 3mm ø,
Satinband Pink 5mm
Acrylfarben: Weiß, Lila, Violett, Schwarz
Plusterfarbe: Weiß

Schmetterling Florentiena

Material:

Kochlöffel ca. 27cm,
Tonkarton Hellgrün, Gelb, Orange
Biegedraht Grün, 9 Glitzerperlen 3mm ø,
Satinband Orange 5mm,
Acrylfarben: Weiß, Orange, Lindgrün, Schwarz
Plusterfarbe: Weiß

So geht´s: Schneide den Tonkarton laut Vorlagenbogen aus, bemale die Löffelchen und den Karton mit den entsprechenden Farben. Nach dem Trocknen werden alle Teile mit Heißleim zusammengeklebt und die Verzierungen wie Perlen, Draht usw. angebracht. Rolle ein Stück Tonkarton zu einer Röhre zusammen (mit Heißleim fixieren) und beschrifte sie mit der Plusterfarbe. Nach dem Trocknen kann sie am Holzlöffel angeklebt und ein Gutschein oder eine Nachricht in der Röhre platziert werden. Zum Schluss wird noch ein Stück Satinband umgebunden.

Streng Geheim!!!

In dieser Box kannst du getrost deine geheimen Lieblingssachen verstauen, denn der Hund Benno passt auf sie auf und lässt keinen Fremden ran.

Material: Kochlöffel ca. 32cm, Tonkarton Weiß, Rot, Dunkelbraun, Kobaltblau,
Basteldraht Schwarz,
Pappbox mit Schloss 13 x 13 x 12,5cm,
1 kleines Goldglöckchen,
Acrylfarben: Weiß, Rot, Fleischfarben, Schwarz, Hellbraun, Dunkelblau
Plusterfarbe: Weiß

So geht´s: Bemale die Box mit weißer Farbe und lasse diese gut trocknen. Nun überträgst du die Hundepfoten vom Vorlagenbogen auf die Schachtel und malst sie mit dunkelblauer Farbe aus. Die roten Streifen werden frei Hand mit dem Flachpinsel gezogen. Gut trocknen lassen. Beschrifte nun den Tonkarton mit der Plusterfarbe und schneide diesen nach dem Trocknen aus und klebe ihn auf den mit der Motivschere ausgeschnittenen roten Karton. Weiße Punkte mit der Plusterfarbe auftupfen und oben auf die Box aufkleben. Schneide den Tonkarton für den Hund laut Vorlagenbogen aus, bemale das Löffelchen und den Karton mit den entsprechenden Farben. Nach dem Trocknen werden alle Teile mit Heißleim zusammengeklebt und die Verzierungen wie Glöckchen, Biegedraht usw. angebracht. Das fertig gebastelte Hündlein kann nun an der Rückseite mit Heißleim fixiert werden.

Streng
Geheim!

Du
Glücks-
pilz
Viel
Glück

Glücksbringer

Wahre Glücksbringer sind diese beiden witzigen Figuren, die garantiert bei jeder Schul- oder Führerscheinprüfung nicht fehlen dürfen.

Material Schwein: Kochlöffel ca. 31,5cm,
Tonkarton Weiß/Rosa kariert, Pink,
Basteldraht Schwarz, 1 Holzperle Rosa 1,5cm ø,
Acrylfarben: Weiß, Rosa, Lila, Schwarz
Plusterfarbe: Weiß,

Material Glückspilz: Kochlöffel ca. 27cm,
Tonkarton Weiß, Rot,
1 Holzperle Rot 1,3cm ø
Acrylfarben: Weiß, Zartblau, Schwarz, Rot
Plusterfarbe: Erdbeere

So geht´s: Schneide den Tonkarton laut Vorlagenbogen aus, bemale die Löffelchen und den Karton mit den entsprechenden Farben. Beschrifte den Tonkarton mit der Plusterfarbe und schneide diesen nach dem Trocknen mit der Motivschere aus. Nach dem Trocknen werden alle Teile mit Heißleim zusammengeklebt und die Verzierungen wie Perlen, Draht usw. angebracht.

Osternestchen

Hasenfamilie Hoppel sitzt in ihrem warmen Nest und wartet schon gespannt auf´s Osterfest um verschenkt zu werden. Auch einzeln verschenkt sehen diese pfiffigen Häschen süß aus.

Material:

2 Kochlöffel ca. 31,5cm,
1 Kochlöffel ca. 19 cm,
Tonkarton Orange, Weiß/Blau gestreift, Basteldraht Schwarz,
3 Holzperlen Blau 1,5cm ø,
Satinband Kobaltblau 5mm,
1 blaues Osterkörbchen,
1 Dekorübe, Stroh und Federn,
Acrylfarben: Weiß, Orange, Schwarz
Plusterfarbe: Weiß und Erdbeere

So geht´s: Schneide den Tonkarton laut Vorlagenbogen aus, bemale die Löffelchen und den Karton mit den entsprechenden Farben. Nach dem Trocknen werden alle Teile mit Heißleim zusammengeklebt und die Verzierungen wie Perlen, Draht, Schleifchen usw. angebracht. Beschrifte nun den orangenen Tonkarton mit der Plusterfarbe, schneide diesen nach dem Trocknen aus und klebe ihn auf den mit der Motivschere ausgeschnittenen gestreiften Karton. Rote Punkte mit der Plusterfarbe auftupfen, Rübe aufkleben und das Ganze vorne am Körbchen fixieren.

Das Nest mit Stroh, Federn, Eiern, Süßigkeiten und den Löffelhasen schön dekorieren. Kleiner Tipp: Ich habe die Löffel etwas mit der Säge gekürzt, da sie sonst zu lang aus den Körbchen herausstehen.

Sommerblumen

Diese bunten Sommerblumen gehen garantiert nicht ein. Man braucht sie auch nie zu gießen oder zu düngen. Sie sind ein echter Hingucker, ob auf dem Fensterbrett, als Tischdeko oder einfach nur als Mitbringsel.

Material: 3 Quirle ca. 30cm
Tonkarton Pink, Gelb, Hellblau, Lindgrün
Sisal Orange, 1 Holzblume Pink ca. 6cm ø
Trockensteckmasse
Acrylfarben: Goldgelb, Orange, Türkis, Lindgrün, Lila, Olivgrün
Plusterfarbe: Erdbeere, Sonnengelb, Dunkelblau

So geht´s: Schneide den Tonkarton laut Vorlagenbogen aus, bemale die Holzköpfe, den Stiel und den Blumentopf mit den entsprechenden Farben. Nach dem Trocknen werden die Blätter mit Heißleim angeklebt, mit den Plusterfarben Punkte auf den Blütenstempel getupft und mit der olivgrünen Farbe ein Strich in der Mitte der grünen Blätter gemalt. In der Zwischenzeit schneidest du die Steckmasse zurecht und platzierst sie im Blumentopf. Anschließend können die gut getrockneten Blumen in die Steckmasse gesteckt und mit Sisal dekoriert werden. Zum Schluss Holzblume am Blumentopf mit Heißleim fixieren.

5 EURO
Hier ein paar Kröten
Sei kein Frosch

Hier ein paar Kröten

Geldgeschenke richtig ins Licht gesetzt, diese Kröten sind bestimmt nicht eklig. Quaaak!

Material: Kochlöffel ca. 20cm,
Tonkarton Dunkelgrün, Rot, Gelb,
22 Holzperlen Grün 9mm ø, 2 Holzklötze ca. 5cm ø,
Satinband Lindgrün 5mm,
Acrylfarben: Lindgrün, Olivgrün, Weiß, Schwarz
Plusterfarbe: Erdbeere, Maigrün

So geht´s: Schneide den Tonkarton laut Vorlagenbogen aus, bemale die Löffelchen und den Karton mit den entsprechenden Farben. Beschrifte den Tonkarton mit der Plusterfarbe und schneide diesen nach dem Trocknen mit der Motivschere aus. Nach dem Trocknen werden alle Teile mit Heißleim zusammengeklebt. Zum Schluss werden die Augen und die Zehen (Perlen) im schon aufgeklebten Zustand vorsichtig bemalt. Die Löffelchen in die vorgebohrten Holzklötze einkleben. Geldscheine rollen und am Stiel festbinden.

Weist du wieviel Sternlein stehen?

Am Abendhimmel leuchten schon die Sterne und der Schäfer wacht über seine Schäfchen. Dieses romantische Bild ist ein Muss für jedes Kinderzimmer.

Material:

1 schmaler hoher Kochlöffel ca.35cm, 1 Mini Tontopf 4cm ø, 1 Holzkugel Naturfarben 3,5cm ø, 1 rote Holzperle 1cm ø, 2 Holzperlen 1cm ø Naturfarben, 2 blaue Holzperlen 1,5cm ø. Stück Biegedraht Türkis, Stück Pappdraht Rot (für Hut), Langhaarplüsch Schwarz (für Haare), 1 Holzbilderrahmen mit abnehmbarer Rückwand Größe (Außenmaß) 36 x 25,5cm, 1 Lichterkette mit 10 Lämpchen, 4 Kochlöffel ca. 20cm, Bast Naturgrün, Tonkarton Hautfarben, Braun, Weiß Packband, 2 abgesägte Kochlöffelstangen (als Ständer), Acrylfarben: Weiß, Schwarz, Dunkelblau, Türkis, Goldgelb, Rot, Fleischfarbe

So geht´s: Nehme die Rückwand aus dem Bilderrahmen und bohre an den gewünschten Stellen Löcher, die so groß sein müssen, um später die Lämpchen (mit Plastik!) durchstecken zu können. Pause nun die Sterne und Mond vom Vorlagenbogen ab und übertrage sie auf das Holz. Stupfe nun mit dem flachen Pinsel den vom Dunkelblau ins Türkis verlaufenden Abendhimmel auf (Sterne und Mond frei lassen). Der Rahmen wird in Dunkelblau bemalt. Nach dem Trocknen werden die Sterne aufgemalt. Danach wird der Rahmen auf das Innenteil geklebt und die Lämpchen von hinten gut eingeklebt. Das Kabelgewirr habe ich zusätzlich mit Packband hinten angeklebt.

So wird der Schäfer gebastelt: Bemale den Löffel und den Kopf (Holzkugel) laut Vorlagenbogen. Auf den Kopf wird der Langhaarplüsch aufgeklebt. Der Tontopf (Hut) wird mit Dunkelblau bemalt und mit einem Stück Papierdraht umwickelt. Bohre in den Kochlöffel oben ein kleines Löchlein und stecke einen dünnen Nagel hinein (festkleben), dort wird der Kopf mit Hut aufgesteckt und fixiert. Anschließend werden 2 blaue Perlen als Füße, 2 hautfarbene als Hände und 1 rote als Nase aufgeklebt. Biegedraht zuschneiden, in Form biegen und durch die Hand (Perle) stecken.

So werden die Schäfchen gebastelt: Schneide den Tonkarton laut Vorlagenbogen aus, bemale die Löffelchen und den Karton mit den entsprechenden Farben. Nach dem Trocknen werden alle Teile mit Heißleim zusammengeklebt. Kürze nun alle Löffelchen auf die gewünschte Länge und klebe sie in und auf den Rahmen. Als Dekogras kann noch der grüne Bast aufgeklebt werden. Die zwei abgesägten Kochlöffelstiele werden hinten am Bild als Ständer angeklebt.

Eier einkaufen!
Frisör Termin
16 15
Montag 17 00
Zahnarzt
Dienstag
Picknick
15 30
7 Sept.
Markus
Geburtstag

Piepmätze

Die drei Piepmätze sorgen dafür, dass du keine wichtigen Termine vergisst, sie sitzen quietschfidel auf deiner Memotafel und zwitschern fröhlich vor sich hin.

Material: 3 Kochlöffel ca. 27 cm, Tonkarton Türkis, Lindgrün, Gelb, Pink, 3 rosa Holzperlen 1,5 cm ø, 2 Magnete 20 mm ø, 1 Magnettafel 22,5 x 28 cm 2 Federn Pink, Biegedraht Blau, 3 Metallklammern, Acrylfarben: Weiß, Schwarz, Goldgelb, Lindgrün, Lila, Türkis; Plusterfarbe: Sonnengelb

So geht´s: Grundiere die Memotafel mit weißer Farbe, nach dem Trocknen bemalst du sie mit Goldgelb, die bunten Streifen am Rand werden mit dem Flachpinsel aufgetragen. Gut trocknen lassen. In der Zwischenzeit sägst du die Stiele der Löffel ab und hebst einen Stiel auf. Schneide nun den Tonkarton laut Vorlagenbogen aus, bemale die Löffelchen und den Stiel mit den entsprechenden Farben. Auf der Rückseite der Piepmätze werden jetzt die Magneten fixiert.

Nun malst du die Augen auf, nach dem Trocknen werden die Schnäbel vorsichtig mit dem Plusterpen aufgetragen. Mache erst links und rechts einen kleinen Klecks und ziehe die Farbe in der Mitte zusammen und nach vorne, so dass ein kleiner Schnabel entsteht. Du kannst ja erst auf einem Blatt ein bisschen üben.

Bohre in den bemalten Stiel 3 Löcher und klebe dort den Biegedraht mit den befestigten Haltern hinein. Das Ganze wird nun mit Biegedraht umwickelt und an der Rückseite der Memotafel mit Heißleim fixiert. Einen Piepmatz auf die Stange setzen. Auf den restlichen Biegedraht Perlen auffädeln und über einen Stift zur Spirale drehen. Am oberen Teil der Tafel fixieren. Auf den getrockneten Schnäbeln Mund aufmalen.

Für mein Naschkätzchen...

Ja es gibt so einige Naschkatzen auf dieser Welt, doch Nicky Naschkatze ist die größte. Sie ist ein ganz besonderes Leckermaul. Ab und zu gibt sie schon einmal ein Bonbon her, aber nur eins... Miauuu!

Material: Kochlöffel ca. 32cm,
Tonkarton Weiß, Schwarz, Orange,
Orangenen Langhaarplüsch, Satinband Kobaltblau 5mm,
Filz Weiß ca. A5, Syzoflor Orange ca. A5,
Schraubglas ca. 8cm ø,
Acrylfarben: Orange, Weiß, Rot, Fleischfarben, Schwarz,
Zartblau; Plusterfarbe: Weiß

So geht´s: Kürze den Löffel auf eine Länge von ca.17cm. Schneide den Tonkarton laut Vorlagenbogen aus, bemale den Löffel und den Karton mit den entsprechenden Farben. Beschrifte den Tonkarton mit der Plusterfarbe und schneide diesen nach dem Trocknen mit der Motivschere aus. Nach dem Trocknen werden alle Teile mit Heißleim zusammengeklebt. Klebe nun das Naschkätzchen mit viel Heißleim auf den Schraubverschluss. Halte das Löffelchen so lange fest bis der Kleber gut getrocknet ist! Anschließend schneidest du den Filz und das Syzoflor zurecht und klebst beides um den Schraubverschluss fest. Nun bindest du das oben Überstehende mit Hilfe eines Satinbandes am Löffelstiel mit dem beschrifteten Kärtchen fest. So jetzt müssen nur noch die leckeren Süßigkeiten eingefüllt werden.

Aber nach dem Naschen Zähne putzen nicht vergessen!!!

Nur für Naschkatzen!

Wer ein paar Mäuse zum Geburtstag, Hochzeit, Taufe oder einfach so verschenken möchte, sollte dieses niedliche Bild basteln. Das Geld wird von Wäscheklammern gehalten, die unter den Armen und Pfoten versteckt sind.

Material: 2 Kochlöffel ca. 20cm, 2 Kochlöffel ca. 30cm, 6 Holzwäscheklammern Naturfarben, Tonkarton Rosa, Grau, Pink, Weiß/Rosa kariert, Biegedraht Pink, 4 rosa Holzperlen 1,5 cm ø, 1 Holzbilderrahmen mit abnehmbarer Rückwand Größe (Außenmaß) 36 x 25,5cm, Basteldraht Schwarz, Acrylfarben: Weiß, Schwarz, Lila, Reisslack Craquelle Medium Plusterfarbe: Weiß

So geht´s: Nehme die Rückwand aus dem Bilderrahmen, messe das genaue Innenmaß aus und übertrage es auf den Weiß/Rosa karierten Tonkarton und schneide diesen aus. Jetzt wird mit der Motivschere ein kleineres Rechteck aus dem rosa Tonkarton geschnitten, klebe diese beiden übereinander in den Rahmen ein.

Mische nun Weiß und Schwarz zu einem hellen Grau und grundiere den Außenrahmen damit. Gut trocknen lassen. Anschließend wird der Rahmen mit dem Reisslack bepinselt (siehe Herstellerangaben) und getrocknet. Nun kann mit der weißen Farbe noch mal darübergestrichen werden. Nach dem Trocknen klebst du nun den Rahmen auf die Rückwand. Anschließend werden 4 der Wäscheklammern mit Grau, 2 mit Lila bemalt.

So nun ran an die Kochlöffel: Schneide den Tonkarton laut Vorlagenbogen aus, bemale die Löffelchen und den Karton mit den entsprechenden Farben. Nach dem Trocknen werden Ohren, Nasen und Schnurrhaare mit Heißleim zusammengeklebt. Säge nun die Stiele der Mäuse auf die richtige Länge zu und klebe sie in den Rahmen ein. Auf die grauen Wäscheklammern werden nun die Arme und Hände geklebt und an den Kochlöffeln fixiert. Beschrifte den pinken Tonkarton mit der Plusterfarbe und schneide diesen nach dem Trocknen mit aus. Restlichen Karokarton mit der Motivschere zuschneiden, aufeinanderkleben und mit den lila Wäscheklammern und Biegedraht am Bild anbringen. Nun kann Geld zum Verschenken in die Wäscheklammern geklemmt werden.

Her mit den Mäusen!

So geht´s:
Schneide den Tonkarton laut Vorlagenbogen aus, bemale die Holzschaber und den Karton mit den entsprechenden Farben. Nach dem Trocknen werden alle Teile mit Heißleim zusammengeklebt und die Verzierungen wie Perlen usw. angebracht. Klebe das Dekoband auf das Juteband. Fädle die Perlen auf den Papierdraht und klebe diesen geschlängelt auf das Band. Oben legst du den Draht zu einer Schlaufe und fixierst das Ende zwischen Deko- und Juteband. Nun können die bemalten Karottenköpfchen mit Heißleim fixiert werden.

Karottenköpfchen

Eins, zwei, drei Karottenköpfchen haben alle grüne Schöpfchen sehen alle lustig aus, komm mach dir ne´ Borde draus.

Material: 3 flache Holzschaber ca. 13 cm,
Tonkarton Lindgrün, Dunkelgrün
8 orangene Holzperlen 1 cm ø,
8 rote Holzperlen 1 cm ø,
3 orangene Holzperlen 1,5 cm ø,
Pappdraht Lindgrün,
Dekoband 5 x 70cm,
Juteband Orange 8 x 74cm,
Acrylfarben: Weiß,
Schwarz, Orange,
Rot, Lindgrün,
Olivgrün

Vielseidig Verlag

www.vielseidig.de

...mehr von Meli

Aquarell Dschungel
Kinderleichte Aquarelle mit
Step by Step Anleitungen
ISBN 3-935467-72-9
Best.Nr. 67729

...neue Stempel

...neue Servietten

Laubanger 19b 96052 Bamberg **Vielseidig Verlag** GmbH Tel. 0951/ 6 89 97
Fax. 0951/ 60 32 99